INAUGURATION DU CERCLE DE L'UNION

Nous avons pensé qu'avant de vous remettre nos pouvoirs il serait juste et à un certain point de vue rigoureusement nécessaire de vous dire quelle pensée exacte avait présidé à la fondation du cercle de l'Union. Nous avons voulu aussi vous remercier, au nom de la cause que nous servons, de l'empressement que beaucoup parmi vous mirent, il y a quelque temps déjà, à répondre à notre premier appel.

En vous ralliant autour de nous, Messieurs, en vous groupant autour d'une idée qui nous est commune à tous, vous avez fait un véritable acte de foi politique, vous avez affirmé des convictions que nous voudrions voir partagées par la grande majorité des hommes qui portent le nom de Français, surtout qui sont dignes de porter ce nom ; et, nous voulons espérer que tôt ou tard, votre exemple ne manquera pas d'être suivi.

Mais, Messieurs, en agissant ainsi, à quel mobile avez vous cédé ? A quelle sollicitation secrète, impérieuse, avez-vous obéi ? Je vais essayer de vous le dire, et j'ose espérer que grâce aux liens qui nous unissent tous ici : liens formés par les mêmes croyances politiques et religieuses, je ne ferai qu'interpréter vos pensées en dégageant de tout nuage, en dépouillant de toute apparence d'obscurité ce qu'on est convenu d'appeler : notre opinion politique.

Je n'entreprendrai cependant pas cette tâche sans avoir fait un pressant appel à votre indulgence, et permettez-moi de penser que si mes forces venaient à défaillir en face des exigences de ma volonté, vous me pardonneriez d'avoir entrepris une tâche si haute, qu'il m'aura été impossible de la remplir comme je l'aurais voulu, et, surtout, comme elle le méritait.

Pour atteindre le but auquel je veux arriver, je me suis posé trois questions qui résument. il me semble, tout notre programme politique. Ces trois questions, auxquelles je vais essayer de répondre, les voici :

Que sommes nous ?

Qui sommes nous ?

Que voulons nous ?

Que sommes nous d'abord ?

Je rencontre Messieurs, dès mes premiers pas, une réponse à cette question, la meilleure, la plus autorisée de toutes celles que l'on y pourrait faire.

M. le Comte de Chambord, dans un de ses derniers manifestes, où se retrouve cette élévation de sentiments et de langage qui lui est si familière, disait :

« Sans mes principes je ne suis rien. »

Je pense bien, Messieurs, ne pas faire une trop grave injure à votre amour-propre, en vous disant que si je compare notre faiblesse à la persévérante énergie de ce Prince ; notre mince valeur à la haute et saine intelligence de celui qui sera un jour notre roi, je l'espère. il me semble que dans notre bouche cette affirmation aurait une portée. encore plus absolument vraie ; aussi, c'est sans hésiter que nous devons répéter à notre tour.

Sans nos principes nous ne sommes rien.

Qu'est-ce en effet, Messieurs, qu'une nation sans principes ? Qu'est-ce qu'un peuple qui vit au jour le jour ? Qu'est-ce enfin, qu'un homme qui a rejeté loin de lui les conditions nécessaires à sa vie matérielle ou morale ?

Une nation sans principes, Messieurs, me fait l'effet d'un vaisseau qui voguerait en pleine mer sans boussole et sans gouvernail.

Sa voilure en bon état, sa machine perfectionnée, son équipage courageux et obéissant, sa construction solide semblent garantir sa sécurité qui n'est cependant qu'apparente ; vienne en effet un coup de vent, vienne un courant inconnu, et ce vaisseau, malgré tous les efforts de ceux qui le montent, sera jeté à la côte où il ira échouer et se perdre.

Un peuple qui vit au jour le jour, c'est nous Messieurs, c'est le peuple Français depuis un siècle bientôt. Aussi, voyez un peu quel est aujourd'hui notre sort ! Sans doute, l'histoire a enregistré dans ces derniers temps des pages bien glorieuses sur notre compte ; mais dites-moi, si à l'époque où nous sommes, nous avons le droit d'être fiers de notre prospérité, et de notre gloire nationales... Un homme qui a rejeté loin de lui les conditions nécessaires à sa vie matérielle ou morale, s'est fatalement condamné à mener ici-bas une vie faite de souffrances et de dégoût que chaque nouvelle chute ne manquera pas d'abréger.

Je n'insiste pas davantage sur cette dernière considération qui est hors de mon sujet, je veux seulement parler de la France comme nation ; et à ce point de vue je vais vous dire ce qu'il faut entendre par le mot: *principes*.

Par le mot, principes, nous entendons simplement l'hérédité, qui est, politiquement parlant, toute la base du système monarchique : base immuable, tandis que les conséquences de ce système, ou plutôt, les lois qui le régissent peuvent être progressivement modifiées, suivant les âges, et suivant l'état des esprits dans la nation.

Ceci me conduit à faire le plus brièvement possible, une étude comparée entre les deux seuls principes qui puissent rester en présence : le principe monarchique, et le principe républicain ; vous comprendrez facilement que je n'ai pas à m'occuper ici, de la monarchie de juillet ou de l'Empire ; ce sont ; purement des accidents monarchiques, qui ne reposent sur aucune base sérieuse et acceptable.

L'hérédité a été souvent discutée, depuis longtemps, mais de nos jours, la discussion de ce principe a atteint les proportions les plus aïgues, sans que nos convictions aient pu être ébranlées ; Et s'il en est ainsi, c'est que non-seulement en se plaçant dans le domaine théorique, mais encore au point de vue des faits, ce principe a montré en France et ailleurs, une énergie vitale, et une résistance qui ont bravé les siècles et trompé les évènements. A l'ombre de ce principe tutélaire notre pays a grandi et s'est développé malgré des obstacles, devant lesquels, il serait venu, sans lui, se briser infailliblement. Et après des chutes si profondes qu'on pouvait la croire perdue sans retour, nôtre France a repris, grâce à la force de ce principe et au respect dont il était entouré, sa marche ascendante vers une puissante unité nationale.

Nous ne pouvons évidemment chercher ailleurs que dans l'accord de toutes les volontés françaises sur la base du gouvernement le secret de cette puissance incontestée de notre pays, alors que son chef, c'est-à-dire le Roi, pouvait tourner contre les ennemis du dehors, tous les dévouements et toutes les ressources de l'intérieur.

Au point de vue général cela est si vrai, Messieurs, que sauf quelques rares exceptions, tous les hommes de génie, qui ont pu retenir entre leurs mains le pouvoir suprême, ont essayé de fonder, à leur profit. cela va sans dire, mais aussi au profit de la nation qui subissait leur joug, l'hérédité dans le pouvoir.

Le principe héréditaire, est d'ailleurs le principe par excellence ! Ecoutez plutôt Montesquieu : le gouvernement monarchique nous dit-il dans son esprit des lois, est préférable à tous les autres par cette simple raison que dans la pratique il exige une somme bien moins grande de vertus

Combien, Messieurs, l'expérience a prouvé la vérité de cette affirmation du grand écrivain. Et ne savez vous pas tous ici, de quelle quantité d'aberrations et de crimes, la république a de tous temps été le prétexte et l'occasion ! Pour admettre, en effet, que le suffrage universel put fonctionner dans des conditions je dirai.... passables, du haut en bas de l'échelle gouvernementale, il faudrait qu'il nous fut possible d'admettre que tous les membres du corps électoral, passé à l'état de souverain, seraient pourvus à peu près au même degré d'une notion vraie du juste et de l'injuste, du deshonnête, et de l'honnête du bien et du mal, avec des conditions d'indépendance, qui ne peuvent pas exister.

J'irai encore plus loin et je vais émettre ici une opinion qui m'appartient exclusivement une opinion, que peut-être on appellera radicale, mais je n'hésite pas à en accepter la responsabilité car je la crois vraie : Pour moi, le gouvernement monarchique exclut logiquement tous les autres.

Je m'explique.

L'homme ici-bas poursuit sans cesse un idéal et cet idéal, quelque soit son métier ou son art ; qu'il s'agisse de poésie, de peinture ou de sculpture ; de philosophie ou de sciences exactes, c'est toujours le point le plus rapproché de la perfection vraie.

Or s'il en est ainsi, pourquoi voudrait-on nier chez l'homme ce désir inné de parvenir à la possession du gouvernement le plus parfait possible. Et, Messieurs, si vous admettez cela, croyez-vous qu'en cette matière, il pourrait se trouver un idéal autre que le gouvernement fait à l'image de celui de Dieu ?

Le gouvernement de Dieu est un, il est éternel et absolu et le gouvernement monarchique se rapproche plus que tout autre de cet idéal. Dans le pouvoir du roi nous trouvons en effet l'unité ; Dans l'hérédité existe une perpétuité relative créé par le respect de la tradition. Reste l'absolu qui n'est pas de ce monde ; car Dieu seul est l'absolu du juste et seul il a le droit d'user de l'autorité absolue. C'est de là que nait pour les gouvernements humains une nécessité de premier ordre, le contrôle vrai et honnête. Or, dans une société comme la nôtre, société ou règne souverainement l'égalité civile de tous les citoyens, ce contrôle ne peut être établi que par le moyen du suffrage universel sagement pratiqué.

Vous le voyez, Messieurs, il me semble du moins, si nous nous plaçons au point de vue de la théorie, le gouvernement monarchique peut revendiquer sur tous les autres une incontestable supériorité. Si maintenant, nous rentrons dans le domaine des faits, cette supériorité est encore moins discutable.

Je n'invoquerai qu'une seule preuve : prenez l'histoire de tous les pays, comparez la durée des Républiques anciennes ou nouvelles à la durée des monarchies, des monarchies chrétiennes surtout, et dites moi de quel côté penche la balance. Prenez les républiques de la Grèce, de l'Italie, y compris la grande république romaine. Venez en France, même avant l'odieuse république de 92, et voyez si toutes ces républiques n'ont pas fini entre les mains d'un histrion ou d'un bourreau. par l'imbécilité ou le sang, comme disait si bien M. Thiers alors qu'il n'était que sujet.

Je vous ai parlé de la France, Messieurs, c'est qu'en effet nos pères déjà avant 92, avaient pu connaître la république et en apprécier les bienfaits. Au temps ou nos rois n'étaient pas encore des magistrats, mais simplement des chefs de guerre, des arbitres, des protecteurs il existait des communes. Ces communes moyennant un simple hommage rendu au souverain s'administraient elles-mêmes. Elles élisaient leurs magistrats et créaient des milices chargées de maintenir la paix intérieure en même temps qu'elles devaient s'opposer aux ennemis de l'extérieur. C'est bien là n'est-ce pas le caractère vrai de toute république. Or savez-vous ce qui advint de ces petites républiques ? Ecoutez un historien qui ne saurait être suspect à la démocratie Théophile Lavallée.

« D'ailleurs dit-il elles n'avaient pas moins à redouter leurs trou-
« bles intérieurs, que les ambitions de leurs voisins. Rien de plus
« tumultueux que la vie des communes, rien de plus orageux et de
« plus précaire que leur liberté, achetée au prix de tout ordre et de
« toute sécurité ; les violences et les barbaries des châteaux féodaux

« se reproduisaient dans ces petites républiques, où les pillages, les
« vengeances, l'anarchie étaient continuels ; où l'aristocratie bour-
« geoise et la démocratie populacière se combattaient sans cesse ;
« où des haines de métier, des rivalités de quartiers, des partis de
« tout genre ensanglantaient chaque jour les rues. Aussi grand nom-
« bre de communés avaient-elles disparu de gré ou de force, car
« leurs ennemis profitaient de leurs désordres pour les asservir ;
« elles mêmes demandaient souvent l'intervention d'un voisin puis-
« sant......

Vous le voyez, Messieurs, par ce qui se passait déjà vers 1285,
sous le règne de Philippe-le-Bel, la république, a généralement,
toujours été l'occasion de bien des désordres.

Il y a encore un autre fait que prouve également l'histoire, et qui
est en notre faveur : C'est que plus grandes sont les analogies d'un
gouvernement avec le gouvernement monarchique plus grandes
sont ces chances de durée ; tandis que dans le cas opposé son existence tend à devenir progressivement plus précaire.

Je vous ai apporté ici, Messieurs, quelques preuves, très superfi-
cielles il est vrai, mais qui plaident énergiquement la cause du
principe héréditaire.

C'est donc avec raison que je vous répétais en commençant ces
paroles si vraies de M. le Comte de Chambord : « sans nos principes nous ne sommes rien. »

En dehors d'eux en effet il n'existe qu'incertitude et dangers ; et
vous ne voudriez point être rangés au nombre de ces hommes qui
s'imaginent pouvoir fonder, dans un pays de suffrage universel, des
institutions politiques stables, sur les convictions essentiellement
mobiles du corps électoral.

Je passe à ma seconde question :

Qui sommes nous ?

Il y a quelques années déjà, un homme vivait entouré d'une
nombreuse famille, sur le patrimoine que ses ancêtres lui avaient
laissé.

Sa femme, ses enfants le secondaient dans l'accomplissement de
la tâche qui lui était imposée par les traditions de sa famille et
grâce à son travail, à sa sagesse et à son économie, il pouvait espérer d'agrandir lui aussi l'héritage de ses pères qu'il devait à son
tour transmettre à ses successeurs.

Un jour cet homme fut appelé par ses affaires, dans une de ces
grandes villes, où le jeu des spéculations a pour ainsi dire saisi

tout le monde. Il vit des pauvres de la veille devenir les plus riches du lendemain, et sans voir les ruines, qui à côté, s'accumulaient peut-être encore plus rapidement, cet homme se mit à comparer le résultat relativement modeste, accompli chez lui par le labeur infatigable de plusieurs générations avec l'immensité des richesses accumulées pour ainsi dire en quelques heures par l'agiotage le plus effréné, et la fièvre d'or le saisissant il se mit à spéculer.

Je ne vous signalerai pas toutes les étapes, bonnes ou mauvaises que dut faire cet homme dans la voie si nouvelle, si dangereuse pour lui, qu'il avait entrepris de suivre ; je vous dirai seulement quel fut le résultat de sa conduite : C'est dans ce résultat que j'ai trouvé un enseignement qui peut nous servir.

Au bout de quelques mois une partie de l'héritage était dissipée, et cet homme rendu enfin à lui-même, par les sollicitations de sa raison et les tourments de sa conscience, s'en revint trouver les siens la honte et le remords dans le cœur, après avoir rejeté loin de lui les tentations qui le poussaient à jouer davantage.

Enfin, comme l'éducation de ce père de famille avait été forte et chrétienne, il ne se découragea pas, et se remit énergiquement au travail avec ses enfants, après avoir réglé ses affaires; aussi la prospérité ne tarda pas à reparaître au logis.

Dans cette simple histoire que j'ai lue je ne sais où, j'ai vu, Messieurs une image fidèle et saisissante de notre situation actuelle.

Ce père de famille me représentait le peuple Français. Ces ancêtres étaient nos prédécesseurs ; le Patrimoine c'était la France. Enfin, dans les idées philosophiques du siècle dernier qui ont donné naissance aux doctrines révolutionnaires et à une soif inextinguible de jouissances et de libertés sans limites, j'ai cru retrouver le pendant des spéculations ardentes dont je vous parlais tout à l'heure.

Quant au résultat j'y ai vu non-seulement la reproduction des tristesses présentes ; mais encore l'espérance pour son avenir.

Certes, Messieurs, je ne pense pas que quelqu'un fut tenté de nier la vérité des rapprochements que je viens de faire; mais je vous entends d'ici me poser ces deux questions délicates.

Avons-nous des ancêtres ? quels sont ces ancêtres ? nous avons en en effet entendu parler de nouvelles couches sociales ! On nous a apporté des idées prétendues neuves qui, dit-on, n'ont rien de commun avec les idées du passé !

Qu'y a-t-il donc de vrai dans tout cela ?

Moi Messieurs, je n'hésite pas à répondre hardiment : Il n'y a pas de nouvelles couches sociales. Il y a comme il y a eu autrefois et comme certainement l'avenir ne manquera pas d'en voir apparaître, il y a dis-je des hommes, plus nombreux aujourd'hui peut-être, des hommes sollicités par les mêmes passions, passions mauvaises en tout temps et ces hommes de notre siècle, les étalent au grand jour avec une révoltante impudeur. Il y a des hommes, comme le disait naguère un orateur célèbre, qui ont la haine de la propriété parce qu'ils ne possèdent pas ou ne possèdent pas assez. Il y a des hommes qui ont la haine de l'autorité parce qu'il faut qu'ils obéissent, mais qui font cette autorité terrible et sans merci lorsqu'ils sont au pouvoir.

Ces hommes, en effet, n'ont pas d'ancêtres, ou s'ils en ont, ce sont ceux que leurs crimes ont fait clouer au poteau d'infamie ; ce sont ceux dont l'histoire a fait justice.

Mais nous, Messieurs, nous avons nos ancêtres, et ce ne sont pas seulement les rois qui ont présidé aux destinées de notre pays : ce ne sont pas seulement les guerriers illustres, les magistrats intègres, les génies de l'art et de la littérature qui ont commencé et grossi le faisceau lumineux des gloires si diverses de notre France: ce sont encore, les modestes laboureurs et les vaillants ouvriers qui ont apporté leur pierre à l'édifice national.

Nos ancêtres, enfin, ce sont tous ceux qui dans le cours de leur vie, ont consacré une heure de leur travail, un effort de leur intelligence, une goutte de leur sang au service de la Patrie.

Eh bien, Messieurs, ces ancêtres nous ont laissé un double patrimoine : le Patrimoine matériel, qui est le territoire, et le patrimoine moral, qui se compose de toutes les gloires, de toute l'expérience, de toutes les découvertes qu'a enregistrées l'histoire de notre pays.

Ce sont là les deux patrimoines que nous devons transmettre à nos successeurs, après y avoir ajouté notre part.

Or qu'avons-nous fait jusqu'ici de ce double patrimoine ? Quant au premier, — notez bien que nous ne songeons pas aux conquêtes de la force brutale. Par le temps de civilisation qui court dit-on, il ne peut-être question que des conquêtes de l'intelligence sur la matière et de celles de la justice et de l'honneur sur les empiètements de l'iniquité et les hontes de l'infamie. Mais s'il ne fallait pas songer à agrandir notre France, la France de nos rois, au moins devions nous tacher de la conserver intacte tandis que nous la voyons aujourd'hui mutilée !

S'il s'agit maintenant du second patrimoine, il nous suffit de jeter un regard en arrière et de comparer le temps passé au temps présent pour voir que notre tâche est loin d'être accomplie.

Q 'est-ce, en effet, que notre gloire contemporaine ? Qu'est-ce que l'art contemporain ? Et la littérature et le théâtre, et l'honneur contemporains, que sont-ils donc devenus ?

Ah ! Messieurs, en face de toutes ces tristesses ; en face de toutes ces décadences, dont la génération actuelle n'est pas seule responsable, hâtons-nous de le reconnaître, il me sera facile, de vous dire qui nous sommes.

Nous sommes de ceux qui veulent retirer un enseignement des fautes commises dans le passé et un bénéfice des labeurs de toutes les générations précédentes, après avoir recueilli l'héritage glorieux des ancêtres.

Nous sommes enfin de ceux qui prétendent relier le présent au passé en tenant un compte loyal des conditions nécessaires à l'existence d'une société nouvelle ; et nous espérons faire de cette harmonie la base de la prospérité future, en introduisant dans le fonctionnement de nos institutions politiques séculaires, les bienfaits d'un progrès sage et mesuré.

Il me reste, Messieurs, a vous parler de ma troisième question.

Que voulons nous ?

Dans tout pays les hommes tendent vers trois buts principaux : 1° La prospérité individuelle qui produit logiquement le bien être général. 2° Le respect de tous les intérêts, d'ou découle, ceci est incontestable, la liberté pour chaque citoyen pris isolément. 3° La plus grande somme possible de civilisation, dont l'indice le plus certain est chez un peuple, le niveau moral le plus élevé, comparativement aux autres peuples.

La première proposition n'a pas besoin d'être démontrée, car vous ne pouvez ignorer, Messieurs, que lorsque les parties d'un tout sont harmonieuses entr'elles, le tout lui-même ne peut pas pécher contre les règles de l'harmonie.

Quant à la seconde, je ne m'arrêterai pas à la démontrer davantage, si dans un certain milieu, on ne donnait au mot liberté un sens exagéré, je dirai presque monstrueux, et s'il ne fallait pas essayer de ramener ce mot à son véritable sens, à sa valeur réelle et raisonnable.

Que faut-il entendre par ce mot : liberté ?

On a donné de ce mot bien des définitions, la plupart excellentes ; je n'ai donc rien à innover ici ; mais en d'autres termes, et avec une tournure de phrase différente, je dirai :

La liberté est ce droit inaliénable, insaisissable, qu'à tout homme en possession de sa raison, de se mouvoir librement dans une sphère *limitée*. Pourquoi une sphère limitée ?

Ce cercle, Messieurs, cette sphère, dans laquelle je prétends enfermer la liberté humaine, vous semble, peut-être, une atteinte portée à cette même liberté. N'est pas libre pensez-vous, quiconque se sent gêné par un obstacle qu'il ne peut franchir! Pour vous donner ma définition, je n'ai fait cependant, que tirer une conséquence logique de ce qui se passe tous les jours sous nos yeux soit dans le monde physique, soit dans le monde intelligent.

En effet, quels que soient les goûts ou les habitudes ; les forces morales ou physiques d'un individu Quelle que soit l'énergie de sa volonté et le milieu dans lequel il s'agite, vient une heure enfin, ou cet individu rencontre sous ses pas un obstacle derrière lequel se trouve une voix pour lui crier : « tu n'iras pas plus loin. »

Prenez, par exemple, un homme stimulé par la passion des voyages ; cet homme s'est dit : J'irai plus loin que tous mes devanciers ; je découvrirai des pays inconnus ; je révélerai au monde ce qu'il ne sait pas encore, et il part ; il va toujours devant lui, dépassant les limites ou d'autres ont dû s'arrêter. Mais un jour, cet homme s'arrêtera lui aussi, parceque sa course infatigable le ramènera toujours au même point, et lui fera toujours rencontrer un même obstacle, éternellement insurmontable : le vide.

Prenez un peintre, prenez un sculpteur et dites à ces hommes de génie, qui poursuivent sans cesse dans leurs créations quelque chose qui touche de plus près au beau idéal ; dites-leur de donner à leurs chefs-d'œuvre, cette dernière touche qui les complètera ; dites leur de faire que ces yeux voient, que ces lèvres parlent ; que ces animaux se lèvent et marchent. Demandez leur enfin, que ces roses si bien imitées, nous donnent le parfum qu'exhalent les roses de la nature et tous vous répondront : Nous ne pouvons faire davantage.

Je pourrais, Messieurs, citer des exemples à l'infini et j'arriverai toujours aux mêmes conclusions ; mais alors, si tout est limité autour de l'homme dans le monde physique comme dans le monde intelligent, comment pourriez-vous admettre que la raison humaine a seule le droit de jouir d'une liberté illimitée, à tel point qu'elle puisse devenir un jour, peut-être la déraison.

Cela, évidemment, ne serait guère logique et nous devons admettre que la raison humaine a ses limites infranchissables, limites qu'elle doit déterminer elle-même, au moyen des leçons immuables de la manifestation divine.

Vous devez comprendre Messieurs, ou j'en veux arriver, et ce ne sera point vous surprendre que de vous dire : la liberté chez l'homme, qui n'est qu'une conséquence logique de sa raison, doit être limitée, elle aussi ; Or, si l'homme reconnait que sa liberté n'est pas illimitée, qu'il s'agisse de la famille, de la société, ou des croyances religieuses comment pourrait-il soutenir que dans l'Etat il a le droit de jouir d'une liberté sans entraves !

La loi qui atteint les êtres créés, animés ou inanimés est encore ici la même, et toute nation où les citoyens jouiraient d'une liberté absolue. serait fatalement condamnée à périr.

Je vous disais plus haut, Messieurs, qu'à Dieu seul était réservé le droit de gouverner d'une manière absolue parce qu'il est l'absolu du juste ; il en est de même pour sa liberté qui ne peut connaître de bornes parce qu'il est l'absolu du bien.

Vous le voyez donc, dans toute nation, la liberté ne peut être que relative et subordonnée à la sécurité de l'Etat et de ceux qui le composent.

Non, on ne peut pas tout dire, pas plus qu'on ne peut tout faire ; ou bien, comme conséquence logique de cette liberté absolue, il faudrait consacrer cet odieux axiôme des temps modernes qui enseigne que « la force prime le droit », et préparer le triomphe de toutes les passions brutales sur la faiblesse opprimée.

Aussi Messieurs lorsqu'une certaine école vient réclamer comme une chose qui lui appartient, — Je passe sous silence les folles revendications sociales de ces aimables citoyens, — lorsque cette école, dis-je. vient réclamer la liberté absolue de la presse, le droit absolu et permanent de réunion ; quand donc cette école proclame à la face du monde, que « l'insurrection est le plus saint des devoirs, » nous sommes en droit de lui répondre : jamais nous n'accepterons toutes ces folies, et jamais, aussi, nous n'accepterons comme nôtre, même en la subissant, une forme de gouvernement, qui porte en germe toutes les libertés absurdes et impossibles.

Ma troisième proposition n'a pas besoin, non plus, d'être longuement démontrée, il suffit de l'énoncer pour l'admettre :

Le peuple le plus civilisé est celui chez lequel le niveau moral a atteint la plus grande hauteur.

Le degré de vraie civilisation chez un peuple, ne saurait être évalué, en effet soit d'après l'étendue de son commerce; soit d'après le nombre de kilomètres que parcourent ses locomotives ou le perfectionnement de ses machines industrielles ; soit d'après l'installation et le comfort de ses demeures ou de ses monuments publics; mais bien, d'après l'état de ses mœurs privées et publiques : ce qui revient à dire que le peuple le plus civilisé est celui qui a su faire les lois les plus honnêtes et qui en garde scrupuleusement le respect.

En sommes-nous arrivés là et pouvons-nous réclamer comme nôtre, le brevet de véritable civilisation ? c'est le contraire qui est vrai et je ne pense pas rencontrer ici de contradicteurs sérieux si je vous dis qu'en cette matière, notre bilan, depuis un siècle tout à l'heure, ne se compose que de lois sans cesse renouvelées et bientôt après foulées aux pieds sans le moindre scrupule.

Que voulons-nous donc, Messieurs ? nous voulons un gouvernement fort et respecté : nous voulons être libre dans une mesure raisonnable, nous voulons la liberté de conscience, qui comprend la liberté de la prière et la liberté de l'éducation. Nous voulons enfin retrouver la vraie, la glorieuse France des ancêtres.

Or je n'hésite pas à le dire, il n'y a qu'une forme de gouvernement qui ait su jusqu'ici, souvent sinon toujours, satisfaire à de si justes désirs ; et cette forme de gouvernement, c'est la monarchie héréditaire, la grande monarchie de la tradition française, basée sur l'accord du peuple avec le Roi.

Je suis arrivé Messieurs au terme de mon programme et les réponses que j'ai faites aux questions posées dès le commencement, n'ont pas laissé je l'espère, de doute dans votre esprit,

Vous savez tous maintenant quels sentiments nous animent ; ous pressentez quel est le but que nous avons poursuivi en fondant le cercle de l'union.

Notre espoir est d'arriver au moyen d'une fréquentation plus répétée à l'entente de toutes les classes qui composent notre société; et nous voudrions pouvoir fortifier chez les uns et faire naître chez les autres, cette conviction que tous les intérêts sont solidaires dans l'Etat ; et qu'on ne peut parvenir à les sauvegarder d'abord, à les améliorer ensuite, qu'au moyen du concours de tous ceux qui veulent rester franchement honnêtes et véritablement français.

C'est vous dire que tout en désirant rester sur le terrain monarchique qui est notre terrain de prédilection, nous souhaitons de toutes nos forces que le nombre de ceux qui voudront se joindre à nous s'accroisse chaque jour davantage. Ils sont assurés de recevoir toujours ici l'accueil le plus bienveillant.

En agissant ainsi. Messieurs, nous répondrons sûrement à l'appel qui nous a été adressé par les hommes que l'Assemblée nationale vient de charger de gérer les affaires publiques sous son autorité souveraine.

Nous devons notre concours le plus dévoué à cette politique de conservation et de salut qui vient d'être inaugurée et dont le plus sur garant est la présence de l'illustre maréchal Mac-Mahon à la tête du gouvernement.

IMPRIMERIE BERTUOT, MONTAUBAN.